AF476635

MAZAGRAN.

IMPRIMERIE PORTHMANN,
Rue du Hasard-Richelieu, 18.

MAZAGRAN.

JOURNÉES

Des 3, 4, 5 et 6 février 1840.

RÉCIT

PAR M. CHAPUYS-MONTLAVILLE,
DÉPUTÉ.

DEUXIÈME ÉDITION.

PARIS,
PAGNERRE, ÉDITEUR,
RUE DE SEINE, 14 BIS.
1840

MAZAGRAN.

Sur les côtes d'Afrique, en face des beaux rivages de Malaga, à une lieue de la mer, sur une colline étendue, s'élève une ville arabe du nom de Mostaganem. Elle était autrefois le chef-lieu d'une petite province dont dépendaient Matamore et Mazagran.

A une heure de marche, soit que l'on suive la plaine à travers des jardins délicieux, peuplés d'orangers, de garoubiers, de figuiers, d'oliviers, d'arbres robustes, de plantes vigoureuses et charnues, telles que nous les fournissent les ardeurs de la terre tropicale ; soit que l'on suive la crête du côteau et que l'on foule, jusqu'à l'arrivée, sa pelouse fine et légère, on trouve une autre petite ville arabe composée de chétives maisons liées entre elles par des murs mitoyens, n'ayant pour toute ouverture qu'une seule porte donnant sur la rue ou sur la campagne ; c'est Mazagran.

Les rues sont étroites à ce point que dans la plupart on est forcé de se suivre et qu'il n'est pas possible de marcher côte à côte. Les maisons sont des cahuttes construites en pierres sèches ; l'intérieur est sans mobilier. On voit que ces pauvres demeures appartiennent à des hommes que la civilisation n'a pas encore atteints.

La ville est sans fortifications : les murs des maisons forment seulement une espèce de chemise militaire qui de loin présente l'aspect d'une muraille de défense.

Il y a au sommet du côteau dominant la mer un réduit qui est la citadelle du lieu. Ce réduit se compose de deux marabouts que le maréchal Clausel a fait fermer, et qui se joignent par quelques ouvrages en terre. On a relevé des fossés, établi des murs en pierres sèches, et puis on a dit à cent vingt-trois soldats du bataillon d'Afrique : Vous garderez ce poste contre l'ennemi ; et le bataillon d'Afrique a répondu : Je garderai ce poste contre l'Arabe, son armée couvrît-elle de ses feux épars la colline et la plaine.

Cependant les journées se passaient, et l'ennemi ne venait pas.

Tout à sa vie joyeuse et quelque peu indocile du joug, la dixième compagnie d'Afrique occupait ses loisirs à jouer, à chanter, à se quereller : les soldats s'essayaient parfois à se lancer à perte de vue dans la campagne, comme s'ils allaient au-devant des

Arabes pour les défier, et ils ne rencontraient pas les Arabes.

La composition de ce bataillon d'Afrique est singulière : ce sont des hommes qui prêtent à la légende ; aussi la verve populaire a-t-elle fait mille contes à leur sujet.

Ce qu'il y a de vrai, assurément, c'est que ces natures sont trempées au feu ; chaque homme est d'acier.

On met là tous les hommes indociles, indisciplinables, ceux qui peuvent à peine supporter l'autorité et qui sont toujours prêts à lutter avec elle ; mais on y place aussi ceux qui sont les plus braves, à qui on peut dire : Va mourir sur ce coin de terre; ou bien : Garde ce poste, et tu t'y feras tuer ; et qui répondent : J'y vais, je reste.

Le 2 février, rien n'annonçait encore l'approche de l'ennemi; cependant on le voyait depuis plusieurs jours paraître et disparaître à l'horizon : tout-à-coup les vedettes signalent les Arabes, et aussitôt le réduit est enveloppé par une multitude poussant des cris sauvages et agitant au-dessus d'elle ses drapeaux et ses armes.

C'est une surprise par masses, une invasion de la colline et de la plaine. La surprise et l'invasion furent tellement complètes et rapides que le lieutenant Magnan, qui était hors des murs, n'eut pas le temps de rentrer avant la fermeture des portes : il se présente toutefois, et à l'aide d'une corde on le hisse dans l'intérieur, où il rivalise avec ses camarades de zèle et d'intelligence.

Cependant, au milieu de cette nuée de cavaliers conduits par les beys de Tlemcen et de Mascara, on distingue un bataillon d'infanterie marchant avec ensemble, soumis à une organisation régulière. Il pénètre dans la ville et s'établit dans les maisons qui font face à l'asile dans lequel nos soldats se sont réfugiés.

Ce bataillon régulier est sous les ordres de Mustapha-Ben-Tamy.

A ses allures précises, à ses premières opérations, on reconnaît une pensée européenne. Si nos renseignements sont exacts, on peut affirmer qu'il a été instruit et dirigé par des misérables qui n'ont pas craint de déserter nos rangs pour combattre leur patrie, par des hommes qui ont passé de la civilisation à la barbarie.

Avant que le feu soit engagé sérieusement, pendant que les Arabes paradent dans la plaine et tirent à coups perdus sur le réduit qu'ils considèrent déjà comme leur proie, l'infanterie arabe prépare silencieusement son attaque. Les maisons qu'elle occupe à une portée de fusil des nôtres sont crénelées, les deux pièces qu'elle traîne à sa suite sont placées en batterie sur un plateau de cinq à six cents mètres qui domine légèrement la position française.

Ces préparatifs achevés, la fusillade commence avec une grande vivacité : alors la cavalerie se rapproche, elle tire des milliers de coups de fusils, l'infanterie soutient un feu nourri, et l'artillerie bat avec vigueur les murailles qui abritent nos braves.

Ce premier jour, les Arabes avaient en ligne une nombreuse cavalerie, quatre cents hommes d'infanterie et deux pièces de canon.

Le capitaine Lelièvre n'avait à sa disposition qu'une pièce de campagne, quarante mille cartouches, mais il avait cent vingt-trois braves.

Ces cent vingt-trois braves se multiplient, ils répondent à tous les feux, ils portent l'indécision et l'effroi dans les colonnes arabes à mesure qu'elles se présentent : leur pièce unique tire avec tant de justesse qu'elle abat les hommes par poignées ; un paquet de mitraille jette par terre un monceau d'hommes et de chevaux. Des deux parts l'acharnement est le même. L'intrépidité des nôtres gagne les Arabes, ils montent sur la brêche, ils se jettent à corps perdu sur les sacs de terre pour les arracher, et sont tués à coups de baïonnettes ou à coups de pierres.

Les grenades surtout, lancées à propos dans les groupes, font de grands ravages sans abattre le courage de ces fanatiques.

A peine cessent-t-ils le combat pendant la nuit. On les voit ramper dans l'ombre pour épier le moment d'une surprise, mais toute surprise est impossible, nos soldats veillent et profitent des courts instants de repos que leur laisse l'ennemi pour réparer avec la truelle et la pioche les ouvertures faites par les boulets arabes. Cependant les chefs ont envoyé chercher des renforts : deux ou trois mille hommes ne se croient pas capables d'enlever une bicoque défendue par cent vingt-trois Français : les messagers amènent toute la réserve, les cavaliers s'abattent ainsi par milliers sur Mazagran. Quatre-vingt-deux tribus, dont quelques-unes touchent au désert, fanatisées par les prédications, entraînées par les fausses espérances de Mustapha-Ben-Tamy, avaient fourni leur contingent : tous arrivent : un registre est ouvert pour l'assaut, deux mille Arabes s'y inscrivent aussitôt. A chaque minute les lignes ennemies s'épaississent et s'approchent. Ce n'est plus une troupe supérieure de deux ou trois mille Arabes, c'est une armée entière, et dix, douze et jusqu'à dix-sept mille cavaliers, dit-on, viennent se joindre à la première cohorte et se dirigent en rugissant contre les faibles murailles de la petite citadelle. A ce moment, la batterie du plateau redouble son feu ; la pierre cède avant l'homme, la brèche est faite et aussitôt la troupe des deux mille, l'élite des Arabes, se précipite sur cette brêche. C'est alors que le capitaine Lelièvre comprenant et faisant comprendre à ses braves qu'il faut lutter avec adresse et que le courage ici ne suffit pas, conçoit et exécute une habile manœuvre. Il simule la mort dans son réduit : tout se tait, les balles ne sifflent plus, les hommes se couchent à plat-ventre, le fusil armé, le doigt sur la détente, le silence règne, l'arabe s'élance, et à l'instant où il croit pénétrer dans la place et y planter l'étendard victorieux du prophète, nos braves se lèvent, une ceinture de feu enveloppe l'ennemi : chaque coup emporte un homme, la brêche est comblée par les cadavres, l'étendard du prophète est renversé, il est souillé de sang et de boue, l'ennemi fuit : une heure a suffi à cette victoire.

Tout n'est pas fini cependant, les Arabes se rallient : ils reviennent à la charge. Ceux qui étaient dans la plaine montent sur la colline, une nouvelle foule se dirige sur le réduit : d'énormes poutres sont placées contre les murailles, l'ennemi s'en sert comme d'échelles, il monte à l'assaut, pénètre sur la crête de la muraille, et c'est là qu'une lutte corps à corps s'établit avec les nôtres qui frappent à coups de sabre et triomphent encore une fois.

La fusillade, la canonnade recommencent, les assiégés y répondent aussi vigoureusement que la première fois.

Cette troisième tentative est un coup de désespoir. L'Arabe y met de la rage, il se fait tuer à découvert : le fanatisme, le dépit, la douleur, la honte le transportent, on le voit s'avancer hardiment sous le feu de nos hommes, planter trois drapeaux à une faible distance des murailles, et environner ces drapeaux d'une troupe toujours fidèle, toujours combattant quoique toujours décimée. Autour de ces drapeaux s'élèvent insensiblement des monceaux de cadavres, et toujours de nouveaux hommes viennent prendre la place des hommes tombés.

C'est que ces Arabes sont les soldats de l'armée sainte, les Arabes du prophète. Ils avaient été envoyés par l'émir pour vaincre ou pour mourir, et ls obéissaient en mourant,

Ainsi, pendant quatre jours consécutifs, cent vingt-trois hommes ont subi trois assauts et tenu tête à douze mille ennemis, dont le courage n'est pas douteux et dont les moyens d'attaque n'étaient pas aussi incertains, aussi faibles qu'on pourrait le supposer.

Ils ont triomphé. Leur drapeau criblé de balles, déchiré par la mitraille, est un trophée qui ne les quittera plus. Le général Guéhéneuc, commandant à Oran, leur a dit dans un noble langage qu'ils ne se séparereraient plus de ce témoin glorieux de leurs hauts faits.

Mais comment les désigner désormais? quelle dénomination consacrer à cette dixième compagnie? La nommera-t-on, comme nos vieilles légions de la république, l'*Intrépide*, la *Terrible*, l'*Infernale?* Napoléon l'eût appelé l'IMMORTELLE et c'est ainsi qu'on l'appellera.

Cette magnificence du courage Français a saisi les imaginations Arabes, et ce fait de guerre fera peut-être plus que cent victoires pour la consolidation de notre établissement en Afrique et pour la soumission des Tribus.

Voici l'extrait d'une lettre écrite par un Arabe de Mostaganem à un Arabe de l'intérieur. Ces expressions pittoresques, cette verve orientale, peignent admirablement les quatre grandes journées de Mazagran.

« On se battit, dit le narrateur Arabe,
« quatre jours et quatre nuits : c'étaient

« quatre grands jours, car ils ne com-
« mençaient pas et ne finissaient pas au
« son du tambour. C'étaient des jours
« noirs, car la fumée de la poudre obs-
« curcissait les rayons du soleil et les
« nuits étaient des nuits de feu éclairées
« par les flammes des bivouacs et par
« celles des amorces. »

C'est du 2 au 6 février que s'est accompli ce drame. Le 6 un nouvel assaut est tenté, mais déjà le découragement a traversé les rangs ennemis, les lignes ne sont plus serrées, elles flottent ouvertes, indécises.

Elles se débandent : c'est en vain que les chefs supplient les soldats de continuer le combat ou de s'établir autour de Mazagran afin de le réduire par la famine ; c'est en vain qu'ils disent : nous sommes encore cent contre un. On n'écoute plus leurs paroles, on ne croit plus à leurs encouragements, les âmes sont abattues, les sol dats répètent que la fatalité est là et que Dieu combat pour nous.

Frappés de désolation ils se retirent.

Les drapeaux sont enlevés et repliés vers les tentes, l'infanterie quitte les maisons, les cavaliers abandonnent leurs montures pour relever les morts. Après leur départ on a découvert de vastes silos remplis de cadavres.

La nuit qui précéda leur retraite fut pour eux une nuit funeste. On entendit s'élever dans leur camp de douloureuses lamentations; ils pleuraient leurs parents, leurs chefs morts, ils pleuraient leur gloire perdue, Mahomet humilié devant le Christ.

Les calculs les plus modérés évaluent leur perte à six cents morts. La garnison de Mazagran n'a perdu que trois hommes et ne compte que seize blessés.

Abd-el-Kader a fait une perte irréparablé par la destruction presque entière de son bataillon d'infanterie régulière.

Il avait passé de longs mois à l'organiser, il avait payé cher les déserteurs qui l'avaient instruit, et il fondait sur ces nouvelles manœuvres ses meilleures espérances. Pendant ce combat de 100 heures, les Arabes ont fait preuve non-seulement d'intrépidité mais d'une certaine tactique à laquelle nous n'étions pas habitués. Ils avaient réuni sur ce point toutes les forces de leur intelligence, de leur savoir et de leur courage; ils se sont surpassés eux-mêmes. L'émir attachait un grand intérêt au succès de cette attaque; cette victoire devait le décider à marcher sur Oran et à tenter la prise de cette capitale.

Ce coup hardi, s'il avait réussi, pouvait rendre à toutes les Tribus l'élan de la première année; il aurait facilité la levée en masse que l'émir aurait ordonné comme prophète, et nous aurions eu à nous défendre dans toute la régence contre la guerre sainte.

Il est juste d'expliquer ici à son tour la belle conduite de la garnison de Mostaganem pendant le siége de Mazagran.

Dès le premier jour, elle s'était mise en marche pour aller au secours de ses frères.

Arrivée sur le plateau elle s'aperçut qu'il lui serait impossible avec ses faibles moyens de percer une troupe de douze à quinze mille cavaliers qui la séparait de Mazagran. La position du commandant était d'ailleurs critique. Mostaganem est une ville de 3 à 4000 âmes, peuplée d'Arabes alliés, il est vrai, mais dont la fidélité n'est pas à toute épreuve. S'il essayait une trouée, l'ennemi pouvait se rejeter sur Mostaganem et s'en emparer, sans coup férir; peut-être attendait-il cette manœuvre, espérait-il ce résultat? Ce qui le fait présumer, c'est que les Arabes avaient fait dire au commandant, avec leur fanfaronade orientale, que si les Français quittaient Mostaganem ils y rentreraient avant eux. Le lieutenant-colonel Dubarrail fit donc sagement d'arrêter ses soldats au moment où l'ennemi tentait de se jeter entre la ville et ses troupes pour lui couper la retraite; il étendit aussitôt une ligne de tirailleurs sur ses flancs et se retira, toujours suivi, toujours combattant, jusque dans la ville.

Mostaganem présentait à son retour un spectacle désespéré: les femmes, les enfants, les vieillards, étaient éperdus; chacun se préparait à la fuite ou à la mort; on enterrait les richesses, on faisait des préparatifs de départ, les plus faibles pleuraient, les femmes poussaient de grands cris, nul n'osait espérer qu'une poignée de Français pourrait résister à tant d'ennemis, nul ne croyait à un effort aussi prodigieux.

Le lendemain et les jours suivants, les

sorties recommencèrent; l'ennemi éprouva des pertes graves. Les Arabes mettaient une si grande ardeur dans leurs attaques, que les batteries tiraient sur eux à portée de pistolet, et que la garnison de Mazagran en a tué un grand nombre à bout portant.

La dernière sortie eut lieu le 6 après midi. Trois cents hommes allaient se mesurer contre huit mille; le capitaine Palais, commandant l'artillerie, précédait la colonne avec deux pièces de canon, dix autres pièces avaient été disposées pour protéger la retraite, et ce fut à elles que l'on dut de pouvoir rentrer dans la ville sans éprouver des pertes plus considérables.

A peine la colonne était-elle hors des murs qu'elle fut attaquée vigoureusement; elle tint bon, et trouva assez de ressources dans son courage pour occuper l'ennemi et opérer ainsi une heureuse diversion en faveur de Mazagran.

Le combat ne finit qu'à la nuit. Le lendemain, il n'y avait plus d'ennemis dans la plaine.

Les efforts de la garnison de Mostaganem n'ont pas été sans fruit: ils ont contribué à lasser l'ennemi, à répandre la terreur dans ses rangs, et une part honorable lui est due dans la délivrance de Mazagran. Si le lieutenant-colonel Dubarail n'a pas poussé la reconnaissance à fond, et s'il n'a pas tenté d'arriver à Mazagran, ce n'est pas assurément faute de résolution, mais il ne pouvait pas s'éloigner sans livrer Mostaganem à l'ennemi. Son devoir a enchaîné son courage.

Ajoutons que tous, officiers, sous-officiers, soldats, ont fait noblement leur devoir, et qu'ils méritent de recevoir un témoignage de la reconnaissance publique.

Le 7 au matin, l'ennemi avait levé son camp, la plaine était déserte, et, suivant une belle expression, un silence plus effrayant que celui des tombeaux régnait sur Mazagran, lorsqu'une partie de la garnison de Mostaganem se dirigea vers cette ville, tremblant de trouver à chaque pas les débris mutilés du bataillon d'Afrique; elle suivait en hâte le plateau, lorsque tout-à-coup un point apparaît au-dessus de la ville arabe; c'est quelque chose qui flotte, on avance, on court, l'objet devient plus distinct, c'est le drapeau tricolore, ce sont ces lambeaux glorieux mais vivants; il est déchiré, les regards le traversent en tous sens, mais c'est le drapeau de la France; il flotte sur la citadelle mutilée; les défenseurs de Mazagran l'entourent encore; on se précipite, on les atteint, on les aborde, on les entoure, on les embrasse, on les admire; on croit assister à une résurrection. Eux, calmes et modestes, dans toute la majesté du courage, ne semblent pas s'apercevoir qu'ils viennent d'accomplir un fait héroïque : seulement, lorsqu'on leur demande ce qu'ils veulent, des éclairs jaillissent de leurs yeux : *du biscuit, des cartouches et l'ennemi,* disent-ils.

Ceci rappelle Marceau, répondant à un représentant du peuple qui lui demandait, après la capitulation de Verdun : Que veux-tu ? — Ce que je veux, un sabre pour nous venger.

Deux heures après, le drapeau de Mazagran entrait à Mostaganem au milieu des acclamations de la foule et au bruit de l'artillerie qui le saluait.

C'est alors que le commandant de Mostaganem apprit, dans la conversation, que le capitaine Lelièvre avait tout préparé pour se faire sauter en cas de revers ; il le dit à ses soldats, qui le trouvèrent tout simple, et lui le redisait avec la même simplicité, comme s'il n'y avait rien d'extraordinaire dans cette résolution, qui rappelle d'Assas, le *Vengeur* et Bisson.

Il y avait, dans la résolution du capitaine Lelièvre et de ses compagnons, plus d'héroïsme encore. Ces braves n'étaient pas excités par la gloire qui s'attacherait à leurs noms. Il n'y avait aucune compensation au sacrifice de leur vie, ils périssaient tout entiers pour l'acquit de leur devoir, pour la fidélité au drapeau. Nul ne devait survivre à ce grand désastre, nulle voix ne pouvait rester vivante pour publier le récit de leur mort.

Et, si quelques-uns de ces esprits étroits qui se plaisent à amoindrir les belles actions, comme s'ils voulaient diminuer la grandeur de la patrie, venaient dire : mais ils préféraient sans doute cette mort violente et instantanée aux tortures que les Arabes font subir à leurs victimes avant de les achever, on répondrait sans doute que les soldats de Mazagran pouvaient, s'ils l'avaient bien voulu, sauver leurs têtes en abandonnant leur poste.

En effet, il ne faut pas oublier que Mazagran n'est qu'à une petite heure de marche de Mostaganem, que Mostaganem, ville de 3 à 4,000 âmes, était occupé par une garnison française, que cette garnison, depuis trois jours, attaquait l'armée qui assiégeait Mazagran, qu'elle s'était avancée à une demi-lieue du réduit, et qu'il eût été facile à cent vingt-trois hommes déterminés de percer la ligne arabe pour arriver jusqu'à ses frères.

Le dévouement était donc complet.

La garnison de Mazagran avait fait en masse, sans réserve et à l'unanimité, le sacrifice de sa vie à son devoir.

Elle était, suivant le principe du grand Carnot, dans la ferme résolution de périr plutôt que de rendre la place.

Elle a réalisé ce que le maréchal Fabert avait en projet lorsqu'il disait : « S'il le fallait, je mettrais à la brèche ma personne, ma famille et tout mon bien, je ne balancerais pas. »

Elle n'a pas balancé. Honneur à elle!

Elle a bien mérité de la patrie.

Il y a une France qui se retrouve partout : c'est la France guerrière, victorieuse, héroïque. Depuis le jour où l'épée de nos pères les Francs s'est plantée sur ce sol, nous nous sommes élevés dans l'histoire par une suite non interrompue de triomphes et de faits glorieux.

Tous les temps, tous les règnes, toutes les classes ont fourni leur part à nos phalanges. Sous les rois, sous la république, sous l'empire, nous avons eu de brillantes journées : de Tolbiac à Bouvines, de Fontenoi à Fleurus, à Marengo, à Austerlitz, à Wagram, sur les terres d'Allemagne, aux sables d'Egypte, en Russie, et plus tard, sur le seuil de la patrie, la France a dominé le monde par les exemples de grandeur et d'héroïsme qu'elle lui a donnés.

La vieille histoire est illustre en ce genre comme l'histoire moderne.

Duguesclin, Bayard, Louis IX le grand et le saint, Dunois, Jeanne-d'Arc, Crillon, quelques rois et d'autres grands capitaines avec eux, défendent pied à pied le territoire contre les Anglais et les Impériaux.

D'Assas meurt pour avertir les siens.

Condé jette son bâton dans les lignes ennemies, et ses soldats, gens d'étoffe plébéienne, se précipitent et le lui rapportent, comme si, dès ce jour, ils avaient voulu, par la supériorité du courage, placer le peuple au-dessus des rois.

A Denain, Villars ferme les portes de la France qui avaient été ouvertes par l'ennemi.

A Fontenoy, la Maison-Rouge enfonce ce

formidable carré qui nous enlevait la victoire.

De nos jours une race de géants, c'est-à-dire d'hommes libres, se lève, et devant elle viennent tomber successivement les rois et les peuples. Elle brise des couronnes; elle en ôte, elle en donne; elle change la frontière des empires; elle crée des nations, elle en ressuscite d'autres, et quand la conquête est faite et sa mission finie, elle revient en France s'éparpiller et se perdre dans les rangs de la nation civile.

En quelques années cette race surpasse ce qu'ont fait les races de plusieurs siècles.

Son histoire est un faisceau d'actes héroïques.

Pourquoi personne ne les a-t-il donc réunis pour les présenter à l'admiration publique, pour les donner en exemple à nos enfants? Cette semence leverait dans les âmes françaises? Qui ne serait ému à de tels récits? Qui n'aspirerait à une telle gloire?

Dans cet heureux pays de France, les enfants n'attendent pas l'âge d'homme pour s'immortaliser. A seize ans Barra est renversé sur la terre; les baïonnettes vendéennes touchent sa poitrine. — Crie *vive le roi*, et tu vivras. — Non, dit Barra, *vive la République*, et il meurt.

Plus jeune encore, Joseph-Agricole Viala, seul, armé d'une hache, va couper sur les bords de la Durance le câble que personne n'osait approcher; il tombe criblé de balles, en s'écriant: *Je suis content, je meurs pour la patrie.*

A quelques années de là un autre enfant, Etienne, battait la charge sur le pont d'Arcole et s'avançait toujours sur les batteries ennemies; il était seul cependant, la mitraille avait balayé ses compagnons: cet enfant précédait Bonaparte, et son exemple le détermina peut-être.

D'autres enfants et de simples soldats

faisaient aux princes et aux rois des réponses sublimes. Le génie révolutionnaire se traduisait en actes et en paroles. Dans la retraite de Hollande, un enfant de troupe de la division Brune est pris par les Anglais; il marchait les pieds nus. — Comment peux-tu servir un pays, lui dit le duc d'York, qui ne te donne pas même des souliers! — *Mes souliers*, dit l'enfant, *je les ai usés à te suivre.*

En ce temps-là, à une provocation héroïque, la réponse ne manquait jamais.

Un jour, fatigué de la persistance d'une batterie autrichienne, Hoche se tourne vers un de ces vieux bataillons tout noircis par la poudre : *A six cents francs les pièces de canon,* dit-il. — *Adjugé,* répondent les soldats. Une heure après la batterie était française.

Et cependant les soldats de la République ne se battaient pas pour de l'argent, suivant la noble et spirituelle réponse d'un de nos grenadiers : *Vous vous battez pour de l'argent, et nous pour l'honneur*, disait un soldat autrichien à un soldat français. — *Chacun se bat pour ce qu'il n'a pas*, répond le Français.

Non, elles ne se battaient pas pour de l'argent, ces vaillantes légions! lorsqu'elles manquaient de tout, lorsqu'elles n'avaient ni vêtements, ni chaussures, ni solde, ni pain quelquefois ; et qu'au lieu des convois attendus il arrivait un décret de la Convention déclarant qu'elles avaient bien mérité de la patrie, elles étaient satisfaites et poussaient de longues acclamations.

Un fait qui n'a jamais été signalé et qui est une gloire immense pour notre pays, c'est que jamais, dans aucun temps, une troupe française ne s'est révoltée pour sa solde ; jamais faute d'argent un régiment n'a mis l'arme au pied ; seulement il faisait payer à l'ennemi sa colère, et il rejetait sur lui l'injustice dont il était victime.

Tant l'honneur militaire est supérieur chez nous à toutes les faiblesses humaines!

Sous l'Empire, avec un homme comme Napoléon, les beaux faits se multiplièrent. Je ne parle pas ici de nos immortelles victoires, elles sont l'œuvre du génie d'un homme et du courage de tous, mais de ces faits individuels qui accusent mieux encore l'héroïsme.

Je parle de ces trois cents Français qui, à la retraite de Russie, sur l'ordre d'Eugène, marchent à l'assaut d'une batterie formidable et périssent tous hachés par la mitraille.

Je parle de la défense d'Huningue, de ces cinquante braves vétérans, presque tous mutilés, qui résistèrent deux semaines durant à une armée de 25,000 hommes, et obtinrent une capitulation avec les honneurs de la guerre. L'archiduc Jean les reçut, eux cinquante, à la tête de ses vingt-cinq mille soldats ; il les salua respectueusement de son épée, et se découvrit devant eux. Pendant qu'ils défilaient, les tambours battaient au champ, comme si c'étaient des rois qui passaient.

Eh bien! cette série de faits éclatants, cette chaîne glorieuse n'est pas interrompue, les soldats de Mazagran sont dignes de leurs pères!

PIÈCES JUSTIFICATIVES.

PIÈCES

JUSTIFICATIVES.

RAPPORT

DE M. LE MARÉCHAL COMTE VALÉE.

« Mostaganem et Mazagran ont été, du 2 au 6 février, l'objet de plusieurs attaques. 1,200 hommes, dont 400 fantassins, sous les ordres de Mustapha-Ben-Tamy, ont fait des efforts inouïs pour s'emparer du réduit de Mazagran. L'insuffisance de nos moyens de défense n'ayant pas permis d'occuper le bas de la ville, 200 ou 300 fantassins purent s'y loger facilement, en créneler les maisons et diriger une fusillade extrêmement vive contre le réduit, tandis que les cavaliers l'attaquaient du côté de la plaine, et que deux pièces de canon, placées sur un plateau de 5 à 600 mètres, en battaient les murailles. Dans cette position critique, et n'ayant qu'une pièce en batterie sur deux, les défenseurs de Mazagran, au nombre de 123, eurent à soutenir, pendant quatre jours, les plus violentes attaques. L'ennemi fut sur le point de pénétrer dans l'enceinte, *dans un assaut qui n'a duré qu'une heure*, le capitaine Lelièvre commandant les 123 braves chasseurs d'Afrique, composant seuls la garnison; mais, grâce à leur opiniâtre intrépidité, l'ennemi fut repoussé, tantôt à coups de baïonnettes, tantôt avec des grenades et même des pierres,

« Séparé de Mazagran par une masse de 7 à 800 cavaliers, qui en barraient tous les abords, et justement inquiet du sort de ce poste, le lieutenant-colonel Dubarrail ne négligea rien de ce qui pouvait diviser les forces de l'ennemi, et lui prouver que Mazagran ne serait point abandonné. Dans ce but, plusieurs sorties, conduites avec habileté et résolution par cet officier supérieur, eurent lieu et produisirent l'effet qu'on en espérait.

« Le 6 au matin, les Arabes, au nombre de 2,000, tentèrent une dernière attaque qui n'eut pas plus de succès que les précédentes. Convaincus enfin de l'inutilité de leurs efforts, et complètement découragés par les pertes immenses qu'ils avaient essuyées, ils se mirent en pleine retraite, sans vouloir écouter la voix des chefs qui voulaient continuer le combat ou du moins le blocus de Mazagran. 82 tribus, fanatisées par les prédications de Mustapha-ben-Tamy, avaient envoyé leurs contingents pour cette expédition. Les plus braves, ceux qui étaient déterminés à monter à l'assaut, s'étaient fait inscrire sur un registre ouvert à cet effet. En cas de succès, ils devaient recevoir une forte récompense pour leur saint dévouement ; on assure que la somme en était fixée à 100 boudjoux.

« Les rapports les plus modérés évaluent de 5 à 600 le nombre des tués ou blesssés emportés du champ de bataille. Dans la nuit qui a précédé la retraite, on a entendu de grandes lamentations dans le camp ennemi, ce qui fait croire que quelques chefs considérables ont succombé. En se retirant, les Arabes ont emmené un énorme convoi de morts. Après leur départ, on a trouvé plusieurs silos remplis de cadavres qu'ils n'ont pu emporter. On a aussi compté, dans un rayon de 3 lieues, 74 chevaux tués.

« Ces résultats ne paraissent pas exagérés, quand on pense qu'il y a eu quatre jours de combats acharnés ; que notre brave infanterie a eu souvent occasion de faire des feux de bataillon dans ses sorties de Mostaganem ; que l'artillerie des deux places et les pièces mobiles ont tiré avec une justesse remarquable ; qu'elles ont mitraillé les assaillants à portée de pistolet, tant les attaques étaient vives et pressantes. A ces considérations, il faut joindre la supériorité du feu bien ménagé de la petite garnison de Mazagran, tirant à bout portant sur des groupes de fanatiques tellement intrépides, que trois drapeaux plantés par eux, à quarante pas du réduit, furent constamment entourés de défenseurs, et qu'ils vinrent plusieurs fois jeter bas les sacs à terre des pièces de la garnison. Nous n'avons eu que 42 hommes hors de combat. Mazagran a eu 3 hommes tués et 16 blessés. L'extrême supériorité de la défense et l'incertitude du tir des Arabes expliquent la différence entre nos pertes et les leurs. »

Ordre du jour de la division.

M. le lieutenant-général commandant la province d'Oran s'empresse de porter à la connaissance des troupes de la division les nouveaux détails que le commandant de Mostaganem vient de lui transmettre au sujet de l'attaque que l'ennemi a tentée sur ce point et sur celui de Mazagran, dans les journées du 2 au 6 février.

L'attaque a duré cinq jours ; la force totale de l'ennemi est estimée à 12,000 hommes, d'après les calculs les plus modérés : il avait avec lui deux pièces d'artillerie.

Le 2 février, entre dix et onze heures du matin, une forte colonne de 800 hommes est venue attaquer le réduit de Mazagran, dont la garnison se composait de 123 hommes, appartenant à la 10e compagnie du 1er bataillon d'Afrique. La ville, n'étant point occupée, fut envahie en un instant par l'ennemi ; une vive fusillade s'engagea de part et d'autre ; l'artillerie ennemie ouvrit son feu. La nuit mit fin au combat.

Le 4, l'ennemi, plus nombreux que la veille, renouvela l'attaque, qui commença à six heures du matin et dura jusqu'à six heures du soir ; il fut encore repoussé avec perte.

Le 5, nouvelle attaque qui eut le même sort que les précédentes.

L'artillerie des Arabes ayant fait brèche dans les murs de Mazagran, la garnison profita de la nuit pour réparer les murailles, panser les blessés et se préparer à de nouveaux combats. Enfin, le 6, l'ennemi fit une tentative désespérée pour se rendre maître de ce poste ; une colonne de 2,000 fantassins donna l'assaut ; l'ennemi parvint jusque sur la muraille ; mais grâce à l'opiniâtre intrépidité de la garnison, il fut repoussé, tantôt à coups de baïonnettes, tantôt avec des grenades et même à coups de pierres. Ce fut son dernier effort ; entièrement découragé il se retira, abandonnant l'attaque et toutes ses positions.

M. le colonel Dubarrail cite, comme s'étant le plus particulièrement distingués dans ces quatre glorieuses journées, où tous les défenseurs de Mazagran ont rivalisé de constance et d'intrépidité,

MM.

Lelièvre, capitaine au 1er bataillon d'Afrique, qui commandait dans Mazagran, et dont l'énergie, autant que les bonnes dispositions, ont assuré le succès de cette mémorable défense ;

Magnan, lieutenant, commandant la 10e compagnie ;

Durand, sous-lieutenant à la même compagnie ;

Villemot, sergent-major, *id.;*

Giroux, sergent, *id.;*

Taine, fourrier, *id.;*

Muster, caporal, *id.;*

Leborgne, Courtès, Edet, Gapfert, Vomillon, Renaud, Hermet, Marcot, Varent, Flarnon, chasseurs dans la 10e compagnie ;

M. le colonel Dubarrail cite encore comme s'étant distingués dans les derniers combats livrés par la garnison de Mostaganem, dans le but de faire diversion en faveur de Mazagran :

Artillerie : MM. Palais, capitaine, commandant l'artillerie, blessé au combat du 5 ; Maray, lieutenant ;

Keller, brigadier, qui, par une justesse de tir remarquable, a fait éprouver de grandes pertes à l'ennemi.

Génie : MM. Abinal, commandant le génie Bernières, sous-lieutenant.

Cavalerie : MM. Defortin, capitaine, commandant le détachement de cavalerie; Habaïbi, lieutenant aux spahis, blessé le 3 février; Sauvage, sous-lieutenant au 2e chasseurs; Moreau, sous-lieutenant, id.; Méhemont, sous-lieutenant, id.; Négemont et Tubœuf, maréchaux-de-logis; Dubarrail, Mêne, brigadiers.

Infanterie : MM. Cordonnier, lieutenant à la 8e compagnie du 1er bataillon d'Afrique; Duchlemmenter, sous-lieutenant, id.; Delbœuf, id.; Fournier, sergent-major; Lefrance et Magot, chasseurs; comte Barmeuil, capitaine de la 1re compagnie de pionniers; Rossi, sergent-major, id.; Sépé, pionnier.

Toutes les armes ont fait leur devoir; l'artillerie dirigeait avec une grande précision le feu de ses pièces, qui ont été protégées par un peloton du génie; la cavalerie a combattu, tantôt à pied, tantôt à cheval, avec une égale bravoure.

Le 1er bataillon du 15e léger, placé en réserve, s'est montré digne de ce poste, et il a reçu et repoussé l'ennemi par un feu vif et nourri. Les Arabes auxiliaires nous ont parfaitement secondés.

Les défenseurs de Mazagran ont eu 3 hommes tués et 16 blessés. Ceux de Mostaganem ont eu 19 blessés. L'ennemi a perdu 5 à 600 hommes dans les quatre jours de combat.

Le lieutenant-général se fait un devoir de mettre sous les yeux de M. le maréchal-gouverneur le nom des militaires de tous grades qui se sont distingués dans les journées du 2 au 6 février, et d'appeler sur eux les récompenses qu'ils ont méritées.

Le lieutenant-général Guéhéneuc autorise la 10e compagnie du 1er bataillon d'Afrique à conserver, comme un glorieux trophée, le drapeau qui flottait sur la place de Mazagran pendant les journées des 3, 4, 5 et 6 février, et qui, tout criblé qu'il est par les projectiles de l'ennemi, atteste à-la-fois l'acharnement de l'attaque et l'opiniâtreté de la défense. En outre, il ordonne que, le 6 février de chaque année, lecture du présent ordre soit faite devant le bataillon d'Afrique réuni, si cela est possible, et que, dans le cas où cette réunion ne pourrait s'effectuer, chaque commandant de détachement en fasse faire lecture devant tous les hommes assemblés sous les armes.

Honneur à l'héroïque garnison de Mazagran!

Le lieutenant-général, GUÉHÉNEUC.

Note

SUR LES BATAILLONS D'AFRIQUE.

La formation de ces bataillons remonte à plusieurs années. Ils sont au nombre de trois.

Le premier, fort de 1200 hommes, occupe, dans la province d'Oran, Arzeuw, Rachgoun et Mazagran.

Le second, fort de 650 hommes, occupe, dans la province d'Alger, Bouffarik, le camp de Kouba, celui de Lartch au-dessus de la Maison-Carrée, et celui de l'Harba, placé sur l'extrême limite.

Le troisième, fort de 800 hommes, occupe, dans la province de Constantine, Philippeville et le camp de Toumiet.

Il défend la route de Philippeville à Constantine, il fournit un poste à la station de Sidi-Tam-Tam, entre Medjzamar et Constantine.

Il ne faut pas confondre ces bataillons avec les compagnies de punition. C'est un corps d'élite composé de têtes vives, ardentes, d'esprits indociles du joug, mais d'hommes de cœur, qui viennent de recevoir un baptême de feu.

Notice

SUR MOSTAGANEM ET MAZAGRAN.

Le territoire de Mostaganem et de Mazagran comprend trois villes distinctes : Mostaganem, Matamore et Mazagran.

De ces trois villes, Mostaganem est la plus importante ; Matamore en est en quelque sorte la citadelle. Mazagran est situé à l'ouest et à une distance d'environ 7000 mètres de Mostaganem.

Le territoire de Mostaganem et de Mazagran se compose :

1° De la vallée très-peu profonde qui descend des collines au sud-est de la ville en partant du territoire des Achems, et se dirige vers l'ouest en passant au sud des villes de Mostaganem et de Mazagran ;

2° De la chaîne de coteaux qui borde la mer à l'exposition du nord.

3° Enfin, les plateaux qui partagent les eaux entre la petite vallée et le rivage.

Ce territoire comprend le ravin de Mostaganem, où coulent des sources abondantes qui peuvent arroser une très-grande étendue de terrain après avoir fait mouvoir des usines ; quatre moulins existent déjà sur ce cours d'eau.

La ville de Mostaganem est située à 4 myriamètres par mer, et par terre à 7 myriamètres du port d'Arsew.

Sous le règne de l'empereur Gallien, l'Afrique septentrionale fut désolée par d'effroyables tremblements terre ; un grand nombre de villes du littoral furent submergées, et des sources d'eau salée jaillirent dans plusieurs endroits. Peut-être faut-il attribuer à ces catastrophes l'aspect abrupte de la côte de Mostaganem, qui effectivement semble conserver les traces d'un affreux bouleversement. Sans doute, alors une partie du rivage, et avec elle le port Romain, furent engloutis par la Méditerranée. La formation des lacs salés d'Arsew et de la Sebkha d'Oran peut se rapporter aux mêmes causes.

Les chroniques Musulmanes font remonter au douzième siècle la fondation de la ville Arabe de Mostaganem. Gouverné d'abord par le chef Sarrazin Yousouf, elle serait ensuite tombée aux mains d'un autre chef, Ahmed-el-Abd, dont les descendants auraient conservé cette possession jusqu'au seizième siècle, où les Turcs s'en emparèrent, sous le commandement de Khaïr-Eddin, surnommé Barberousse. Ce dernier agrandit son enceinte, la fortifia, et de cette époque date l'importance de Mostaganem (1).

(1) Matamore avait alors bien peu d'importance, puis-

Attirées par la fertilité du sol, de nombreuses familles Maures vinrent se fixer sur son territoire; de grandes exploitations agricoles furent entreprises; la culture du coton fut alors importée avec succès dans cette partie de l'Algérie.

Les villes de Mostaganem, de Tigdid, de Digdida et de Mazagran, dont la domination sarrasine avait jeté les premiers fondements, comptaient alors ensemble une population d'environ 4,000 âmes, et ne tardèrent pas à devenir le centre d'un commerce florissant (1).

que Marmol, dans sa relation des guerres du comte d'Alcaudite et de Martin, de Cordoue, n'en fait pas mention, et qu'il désigne cette ville comme un des faubourgs de Mostaganem. Ce n'est donc qu'à partir de cette époque que Matamore fut entourée de remparts.

(1) Les Espagnols avaient déjà fait plusieurs excursions jusqu'à Mazagran, lorsqu'en 1558, sur le rapport du comte d'Alcauduc, le conseil de guerre de Madrid autorisa l'expédition depuis longtemps projetée contre Mostaganem. A l'approche de l'armée espagnole, les habitants de Mazagran se réfugièrent à Mostaganem; le comte d'Alcaudite prit possession de leur ville, fit abattre son portail de marbre, et en fabriqua des boulets pour les pierriers qu'il avait amenés.

Le dey, informé de cette attaque, envoya des troupes au secours de la population de Mostaganem; l'armée espagnole fut mise en pleine déroute, et le comte d'Alcaudite lui-même perdit la vie dans ce combat.

Depuis cette époque, les Espagnols ne firent plus aucune tentative contre Mostaganem.

Les invasions espagnoles, les excursions des Arabes, l'incurie ou l'avidité des gouverneurs turcs, paralysèrent dans la suite ce mouvement agricole et industriel, et en 1830, lors de la prise d'Alger, les habitants du territoire de Mostaganem produisaient à peine les objets nécessaires à leur consommation.

Lorsqu'en 1831 le commandement de Mostaganem fut confié au Kaïb Ibrahim, les tribus environnantes, refusant de reconnaître l'autorité du Kaïb, pillèrent les récoltes et détruisirent les maisons de plaisance qui ornaient les abords de Mostaganem, et foudroyèrent Tigdid où l'ennemi s'était réfugié. Cette collision eut pour résultat l'émigration des familles maures et leur retraite au milieu des tribus arabes.

Les choses en étaient là lorsque le général Desmichels vint occuper la ville de Mostaganem, considérée et par les Arabes et par les Espagnols comme une des principales de la province d'Oran.

A l'époque de la conquête d'Alger, des Turcs et des coulouglis d'Arsew, de Mazagran et de Mostaganem se retirèrent dans la forteresse de cette dernière ville ; ils étaient au nombre d'environ 1,200 ; ils y furent rejoints par 158 Turcs de la milice algérienne d'Oran, lorsque les troupes françaises prirent possession de cette place.

Les Arabes, excités par les agents de l'empereur de Maroc, firent tous leurs efforts pour déterminer la garnison à livrer la ville ; Mostaganem n'ouvrit point ses portes et continua à se défendre. L'exemple de la garnison de Mascara, égorgée après une reddition volontaire, encourageait à la résistance.

Pendant l'année 1832 et les six premiers mois de 1833, Mostaganem, dont les défenseurs recevaient une solde régulière de la France, ne céda point aux attaques réitérées des Arabes non plus qu'aux suggestions d'Abd-el-Kader, jusqu'au moment où, craignant de le voir tomber aux mains de l'ennemi, le général Desmichels s'en saisit, et y plaça une garnison française (juillet 1833).

A l'approche de nos troupes, les habitants de Mazagran et de Digdida prirent la fuite, abandonnant leurs récoltes et tout ce qu'ils possédaient. La population de Matamore reçut l'injonction d'évacuer la ville sous deux heures ; les habitants se retirèrent auprès de l'émir Abd-el-Kader, ou se dispersèrent dans les tribus de Schitil.

Après la prise de Mascara, une nombreuse population venue de cette ville, ainsi que de Callah et de Mazounah, acceptant la protection française, s'établit à Mostaganem ; les Bethowas

Kabaïles, anciens habitants d'Arsew, furent placés à Mazagran dont ils cultivent les jardins.

Quelques mois après, Abd-el-Kader dirigea les habitants fugitifs du Mazagran et de Matamore sur Tagdempt, où ils sont restés.

La ville de Mostaganem est assise sur une roche de calcaire sablonneux de formation secondaire, à 85 mètres au-dessus du niveau de la mer. Les roches qui bordent le rivage et qu forment les collines de Mazagran sont de grès calcaire secondaire et coquiller, traversées par de riches filons d'argile qui étaient employés à la fabrication d'ouvrages de poterie. Il existe dans le district des Achems des dépôts de pouzzolane.

Le territoire de Mostaganem est un des plus fertiles de la province d'Oran. Les plateaux et la pente des collines des Achems, à l'est de la ville, du côté de la mer, étaient généralement cultivés en céréales.

La vallée de Mazagran, depuis le village des Achems et les plantes qui s'étendent entre cette ville et Mostaganem, étaient couvertes d'habitations et de riches cultures; mais les hostilités qui n'ont cessé depuis 1833, et le manque de bois qui s'est toujours fait sentir, ont entraîné la destruction successive des plantations et des maisons de campagne qui rendaient ce pays un des plus beaux de la Régence.

La vigne y est cultivée avec le plus grand soin, et ses produits non-seulement suffisent à la consommation locale, mais sont encore l'objet d'un commerce assez considérable. L'olivier couvre les campagnes du Schétif; le figuier y croît en grande abondance. Mostaganem profitait autrefois de grandes cultures de henné (*lausonia inertus* (1). Cette industrie a beaucoup perdu de son développement; mais il serait facile de lui rendre son ancienne importance. Peut-être sera-t-il possible d'utiliser pour nos fabriques une plante qui fournit une couleur si belle et si tenace.

La garance croît naturellement sur les montagnes et dans les plaines du Schétif. Les Arabes qui la récoltent en abondance n'ont pas encore éprouvé le besoin d'améliorer ce produit par la culture.

Suivant Edris et Marmol, de belles plantations de cotonniers couvraient jadis les plaines de l'Abrah. Les Arabes de Mostaganem et de Mazagran cultivaient cette plante avec prédilection, et il n'est pas rare de rencontrer encore aujourd'hui des pieds de cotonniers arbustes à l'état sauvage.

La ville et le ravin de Mostaganem, ainsi

(1) Plante tinctoriale qui colore en brun rouge.

qu'une partie des terrains situés à l'est, sont arrosés par différents cours d'eau. Il y a peu de sources dans la vallée qui prend naissance au pied des collines qui bordent le Schétif, au sud de Mostaganem, ainsi que l'atteste l'existence des puits à roue que l'on trouve dans chaque jardin.

Toutefois, bien qu'une faible partie du territoire ne puisse recevoir, quant à présent, les irrigations désirables, il est certain que les deux vallées de Mostaganem et de Mazagran pourraient faire vivre dès aujourd'hui un nombre très-considérable de cultivateurs.

Les habitants de ce territoire ne manquent pas d'une certaine industrie ; ils fabriquent principalement des tapis, des couvertures, des haïks (tunique de laine), de la bijouterie et divers objets à l'usage des Arabes. Mais ils n'ont su utiliser que, pour l'irrigation et pour la mouture des blés, les cours d'eau qui arrosent le ravin de Mostaganem.

C'est surtout au point de vue commercial que cette ville est susceptible d'acquérir une grande importance. En effet, c'est à Mostaganem que tendent naturellement à affluer les produits des vallées du Schétif. Les Arabes s'y rendent de de préférence, à raison de la proximité, bien que les objets de consommation qu'ils apportent dépassant de beaucoup les besoins des habitants, leur prix soit inférieur à celui qu'on obtiendrait dans les autres villes de la régence. Ils y amènent des bœufs et des moutons; ils prennent en échange des calicots, des foulards, des soieries, des mouchoirs de coton et des toiles imprimées, de la soie, des verroteries, de la quincaillerie et des bonnets brodés fabriqués à Mostaganem. La valeur des marchandises vendues aux Arabes s'élève mensuellement à 45,000 fr., et ce produit de l'octroi a été de 30,000 fr. en 1836. La population européenne de Mostaganem ne dépasse pas cent individus.

Les seuls chevaux indigènes dont nous ayons pu faire l'acquisition, avant et depuis la convention de la Tafna, ont paru sur le marché de cette ville. Le développement du commerce sur un point d'ailleurs si favorable à l'industrie et à la culture ne peut tarder à y ramener sa population primitive. L'absence d'un port sera sans doute un grand obstacle; mais la proximité de celui d'Arsew permettra d'y entreposer les marchandises destinées pour Mostaganem, ou les produits achetés sur ce marché.

La population de Mostaganem a dû être jadis fort considérable. En 1830, à en juger par l'étendue de la ville, comparée aux habitudes du pays, elle pouvait être évaluée à 15,000 habitants. Au dernier recensement elle s'élevait à 2,325 individus. Dans ce chiffre ne sont compris ni les familles des Turcs ou Coulouglis, qui sont incorporés dans les compagnies auxiliaires turques, ni les cavaliers arabes du Maghzen (1), qui peuvent s'élever à 1,800 individus.

La population musulmane et juive de Mostoganem est généralement industrieuse. Les femmes brodent pour les Arabes ces bonnets dont la ville fait un si grand commerce avec l'intérieur. Les hommes sont tous artisans, cultivateurs ou commerçants.

L'arrêté ministériel du 1er septembre 1834, qui a réglé les formes de l'administration civile et municipale des possessions françaises dans le nord de l'Afrique, a institué à Mostaganem un commissaire du roi chargé en même temps de tous les services administratifs et des fonctions municipales.

Au mois de janvier 1836, le maréchal Clauzel avait érigé un beylick de Mostaganem. La convention de la Tafna n'ayant réservé à l'administration française que le territoire de la ville et celui de Mazagran, l'autorité musulmane a dû recevoir une organisation nouvelle. Un hakem

(1) On appelait Maghzen le troupes de Beylick autres que les janissaires. Ce nom s'appliquait indistinctement aux douaires et aux Zmilas, aux Abid (noirs), etc.

ou gouverneur civil a été chargé de l'administration municipale sous la surveillance du commissaire du roi.

Les attributions conférées au hakem sont celles qui appartiennent en France aux maires et aux juges de simple police. Le hakem a sous ses ordres un Kaïd qui le supplée au besoin.

Une milice indigène a été organisée pour veiller à la sûreté de la ville; placée sous les ordres du commandant militaire, elle se compose d'environ 400 hommes armés de fusils français, et faisant un très-bon service.

LETTRE

de M. Chapuys-Montlaville

A M. LE PRÉSIDENT DU CONSEIL DES MINISTRES.

Monsieur le ministre, un beau fait d'armes vient d'illustrer l'armée française.

123 soldats, enfermés à Mazagran, dans un réduit sans fortifications, entouré de maisons crénelées, ont résisté trois jours durant aux efforts, à l'ardeur, au fanatisme, à l'intrépidité de 12,000 Arabes.

Morte ou vivante, cette poignée de braves voulait triompher : dans la prévision d'un revers, elle avait résolu de se faire sauter, afin d'anéantir ainsi l'ennemi avec elle.

Ce fait est héroïque, exceptionnel : il mérite une récompense éclatante, exceptionnelle.

N'est-il pas d'ailleurs, monsieur le ministre, d'un noble exemple et d'une haute politique de ne pas laisser sans glorification nationale des actes d'une telle vertu?

Il est bon que nos soldats sachent que la patrie leur tient compte de leur dévouement et de leur bravoure ; il est bon que l'Europe sache que les vieilles races de la République et de l'Empire ne sont pas éteintes.

Deux moyens se présentent à mon esprit :

Faire déclarer par le parlement que les 123 défenseurs de Mazagran ont bien mérité de la patrie ;

Ou bien inscrire tous à-la-fois les noms des 123 braves sur les registres de la Légion-d'Honneur.

Si les décorations, au temps où nous vivons, conservent encore quelque valeur, certes elles ne peuvent être employées à un plus digne usage.

Veuillez agréer, monsieur, le ministre, etc.,

CHAPUYS - MONTLAVILLE,
Député de Saône-et-Loire.

Paris, 4 mars 1840.

Nota.

Le *Moniteur universel*, le *Moniteur algérien*, le *Toulonnais*, l'*Éclaireur de la Méditerrannée*, les correspondances de plusieurs journaux, celle entre autres du *Constitutionnel*, qui a été rédigée avec une parfaite intelligence, plusieurs correspondances particulières m'ont fourni de précieux renseignements. Le ministre de la guerre m'a communiqué avec bienveillance tout ce qui était à sa disposition. M. le lieutenant-général Rapatel, à qui j'avais demandé des renseignements sur les Zéphirs, nom de guerre des soldats du bataillon d'Afrique, a bien voulu me témoigner ses regrets de ce que ses documents ayant été oubliés à Rennes, il ne pouvait pas me les communiquer; néanmoins je le remercie de sa bonne volonté. En un mot, toutes les personnes auxquelles je me suis adressé m'ont accordé leur concours avec empressement, et se sont associées à toutes mes sympathies : je les prie de recevoir ici l'expression de ma gratitude.

Ce travail est, certes, bien incomplet; mais pressé du désir de rendre un hommage public à nos braves soldats, je n'ai pas dû attendre que les nouveaux documents que j'ai demandés en Afrique me fussent parvenus. J'avais hâte de répandre, autant qu'il était en mon pouvoir, le récit de l'un des plus beaux faits d'armes de notre histoire militaire.

J'espère obtenir de plus amples détails. Le capitaine Lelièvre, homme d'une haute capacité, ne me refusera pas, dans l'intérêt de la gloire de ses soldats, quelques renseignements que seul il peut donner en connaissance de cause. Dans une nouvelle édition, j'ajouterai également les noms des soldats à ceux des officiers et sous-officiers cités dans le rapport ; car, pour nous, la gloire des uns égale la gloire des autres.

FIN.

PAGNERRE, ÉDITEUR,

RUE DE SEINE, 14 BIS.

CATALOGUE

DE

PUBLICATIONS POPULAIRES,

INDUSTRIELLES, SCIENTIFIQUES, HISTORIQUES ET POLITIQUES.

BIBLIOTHÈQUE DES ARTS ET MÉTIERS,

Collection de LIVRES—MANUELS,

A L'USAGE DES INDUSTRIELS, DES AGRICULTEURS, DES FABRICANTS ET DES OUVRIERS.

Plan.

Le **LIVRE** de chaque profession est divisé en *six parties :*

remière partie. — Précis historique du métier ou de l'industrie dont traite le volume.

euxième partie. — Biographie des hommes qui s'y sont distingués.

roisième partie. — Manuel complet, théorique, scientifique et pratique de cette industrie ou de ce métier.

uatrième partie. — Législation qui s'y rapporte.

inquième partie. — Préceptes hygiéniques qui y sont applicables.

ixième partie. — Catalogue des ouvrages qui en ont traité.

Rédaction.

ARTIES HISTORIQUE, BIOGRAPHIQUE et PROFESSIONNELLE; par des écrivains spéciaux et par les hommes les plus compétents de chaque profession.

ARTIE HYGIÉNIQUE; par les Docteurs Louis DE LA BERGE, agrégé à la Faculté de Médecine de Paris, MONNERET, professeur d'hygiène de l'Association Polytechnique, et SAINT-MAGARY.

Exécution matérielle.

La **BIBLIOTHEQUE DES ARTS ET METIERS** formera nviron 100 volumes : un **LIVRE** pour chaque profession.

Imprimés en caractères neufs sur très-beau papier, ces livres nt accompagnés de planches et figures gravées avec soin.

Chaque volume, contenant de 200 à 400 pages, se vend séparément 1 fr. 50, 2 fr. ou 2 fr. 50.

LES VOLUMES SUIVANTS SONT EN VENTE.

Arts Agricoles.

Les six ouvrages qui suivent forment une Encyclopédie complète *de la science agricole.*

LIVRE DU CULTIVATEUR, *Guide complet de la Culture des champs*, contenant un Précis historique de l'agriculture; une Biographie des plus célèbres agriculteurs; un Traité complet, théorique et pratique, de la culture rurale, et un extrait de la Législation qui s'y rapporte, suivi de l'*Hygiène du Cultivateur*. 1 vol. de 330 pages, avec 23 figures d'instruments aratoires. 2 fr.

LIVRE DU PROPRIETAIRE ET DE L'ELEVEUR D'ANIMAUX DOMESTIQUES, contenant un Précis historique et biographique; un Guide complet, théorique, scientifique et pratique, de l'élève, de l'éducation et de l'entretien de tous les animaux domestiques : le cheval, l'âne, le mulet, le bœuf, la vache, le veau, le mouton, le porc, le lapin, le chien, le chat, et tous les oiseaux de basse-cour; un Traité de la législation qui s'y rapporte, suivi de l'*Hygiène de l'Eleveur*. 1 vol. de 360 pages, avec 56 figures. 2 fr. 50

LIVRE DU VIGNERON ET DU FABRICANT DE CIDRE, *poiré, cormé et autres vins de fruits*, contenant le Précis historique de la vigne et de son produit, du cidre, etc.; un Précis biographique; un Traité complet, théorique, scientifique et pratique, de la culture de la vigne, du pommier, poirier, cormier, cerisier, prunier, etc., et de la fabrication de leurs vins; un Traité de la législation qui s'y rapporte, suivi de l'*Hygiène du Vigneron*. 1 vol. de 250 pages, avec 21 figures. 2 fr.

LIVRE DU FORESTIER, *Guide complet de la culture et de l'exploitation des bois, et de la fabrication des charbons et des résines*, contenant un Précis historique de la science forestière; une Biographie des hommes qui s'y sont distingués:

un Traité complet de la culture et de l'exploitation des bois et de la législation qui s'y rapporte, suivi de l'*Hygiène du Forestier.* 1 vol. de 320 pages, avec 19 figures. 2 fr.

LIVRE DU JARDINIER, *Guide complet de la culture des jardins fruitiers, potagers et d'agrément*, contenant un Précis historique et biographique; un Traité complet de l'établissement, de la culture et de l'entretien des jardins d'utilité, fruitiers, potagers, ainsi que des jardins d'agrément, français et anglais; une description de toutes les espèces, variétés et sous-variétés d'arbres fruitiers, plantes potagères, arbres, arbustes, fleurs d'agrément, enfin l'indication des meilleurs moyens de conserver les fruits, suivi de l'*Hygiène du Jardinier.* 2 vol. de 600 pages, avec figures. 4 fr.

LIVRE DE L'ECONOMIE ET DE L'ADMINISTRATION RURALES, *Guide complet du fermier et de la ménagère*, contenant un Traité sur le LAIT, la fabrication du BEURRE et toutes les espèces de FROMAGES; des Notions étendues sur la conservation des *Laines, Poils, Crins, Plumes* et sur les préparations que ces matières doivent subir pour acquérir toute leur valeur; sur la conservation des VIANDES, par le *salage*, le *fumage* et la méthode d'*Appert*; sur le parti que le cultivateur peut tirer des animaux morts; sur les meilleurs moyens d'obtenir la *filasse* du LIN et du CHANVRE; sur l'éducation des ABEILLES; enfin, un Guide complet de l'entrepreneur et de l'administrateur de biens ruraux, accompagné de nombreux modèles d'actes et des règles de la Jurisprudence, suivi de Préceptes hygiéniques. 1 vol. de 330 pages, avec 49 figures. 2 fr. 50

Ces 6 volumes, qui ont déjà reçu les encouragements de plusieurs Sociétés agronomiques et Comices agricoles, sont dus à M. MAUNY DE MORNAY, savant agriculteur, qui joint à une longue expérience de la pratique une connaissance approfondie de la théorie. Ils forment une véritable encyclopédie agricole, riche de faits et d'observations, et mise à la portée de tous par la clarté de sa rédaction comme par la modicité de son prix

Encyclopédie agricole.

Composée des 6 ouvrages précédents. 7 volumes in-18, grand raisin, contenant la matière de 10 gros volumes in-8 ordinaires. Prix : 15 fr.

LIVRE DE L'ARPENTEUR-GEOMÈTRE, *Guide de l'arpentage et du lever des plans,* contenant un Précis historique, des Notices biographiques, des principes généraux de géométrie et de trigonométrie, la description des instruments nécessaires au géomètre, le lever du plan sur le terrain et son tracé sur le papier, le rapport sur le terrain d'un plan tracé sur le papier, les méthodes les plus sûres pour copier un plan, le réduire ou l'augmenter, le lavis, le bornage, et la rédaction des procès-verbaux, la mesure des solides, etc., par MM. Place et Foucard, *arpenteurs-géomètres*, suivi de l'*Hygiène de l'Arpenteur*. 1 vol. de plus de 250 pages, avec un très-grand nombre de figures. 2 fr.

Arts du bâtiment.

LIVRE DU TOISEUR-VÉRIFICATEUR, *Guide complet du Toisé de tous les ouvrages de bâtiment, suivant les anciennes et les nouvelles mesures*, contenant les meilleures méthodes pour le toisé des travaux de terrasse, maçonnerie, charpente, couverture, menuiserie, serrurerie, carrelage, plomberie et zinc, marbrerie, sculpture, stuc et pavé vénitien, poèlerie, fumisterie, peinture, vitrerie, tenture, dorure, pavage, grillage, treillage et vidange, par M. A. Digeon, *toiseur-vérificateur,* suivi de l'*Hygiène du Toiseur.* 1 vol. de 330 pages, avec 54 figures. 2 fr.

LIVRE DE LA COMPTABILITE DU BATIMENT. *Guide complet de la mise à prix de tous les travaux de construction.* 2e partie du livre du Toiseur. 1 vol. 2 fr.

Chaque volume se vend séparément.

ns presse : Les **LIVRES** du *Menuisier,* du *Charpentier* *çon,* du *Peintre,* du *Poêlier-Fumiste,* du *Serrurier,* etc

Arts industriels.

LIVRE DU FABRICANT DE SUCRE ET DU RAFFINEUR, contenant un Précis historique sur le sucre; une Biographie des hommes qui ont aidé à la propagation ou au perfectionnement de cette industrie; un Traité complet de la fabrication des différentes variétés de ce sel; un Traité du raffinage, et de la fabrication du noir animal, enfin un extrait de la législation qui se rapporte au sucre, par M. MAUNY DE MORNAY, suivi de l'*Hygiène du Fabricant et du Raffineur du sucre.* 1 vol. de 330 pages, avec 56 fig. de machines et d'appareils. 2 fr. 50

LIVRE DU BRASSEUR, *Guide complet de la fabrication de la bière*, contenant un précis historique sur la bière; un Traité complet, théorique, scientifique et pratique, de la fabrication de toutes les bières françaises et étrangères; des instructions pour faire la bière chez soi; un extrait de la législation sur la bière, par M. DELESCHAMPS, chimiste-manufacturier, membre de la Société d'encouragement et de plusieurs Sociétés savantes françaises et étrangères; suivi de l'*Hygiène du Brasseur.* 1 vol. de 180 pages. 1 f. 50

LIVRE DES LOGEURS ET TRAITEURS, *Code complet des Aubergistes, Maîtres d'hôtel, Teneurs d'hôtel garni, Logeurs, Traiteurs, Restaurateurs, Marchands de vin*, etc., contenant l'historique des maisons où l'on donne à manger et à boire; la Législation, la Jurisprudence et les règles de police relatives à ces établissements dans le rs différents rapports avec l'autorité, les voyageurs et les consommateurs; les Dispositions législatives et réglementaires sur les poids et mesures, suivis d'un Traité complet sur la *Législation des boissons*, droits de circulation, octrois et impôts de consommation. 1 vol. de 210 pages. 1 fr. 50

LIVRE DU TAILLEUR, *Guide complet du tracé, de la coupe et de la façon des vêtements*, contenant un Précis historique de l'art du tailleur; une Biographie des hommes qui s'y sont distingués; un Traité complet, théorique, pratique, et d'après les règles géométriques, du tracé, de la coupe et de la confection de tous les vêtements civils et militaires, par M. Augustin CANNEVA, tailleur à Paris, suivi de l'*Hygiène du Tailleur.* 1 vol. avec 54 figures. 1 fr. 50 c.

LIVRE DU MEUNIER, DU NEGOCIANT EN GRAINS ET DU CONSTRUCTEUR DE MOULINS, contenant, etc., par M. MAUNY DE MORNAY. 1 vol. de 330 pages avec un très grand nombre de fig. 2 fr. 50

SOUS PRESSE. — LIVRES du *Bijoutier-Joaillier*, du *Ferblantier-Lampiste*, du *Pharmacien*, des *Transports par terre et par eau*, du *Teinturier*, de l'*Oculiste*, etc.

AVANTAGES DE CES LIVRES SUR LES MANUELS.

Les ouvrages connus sous le nom de **MANUELS** ne traitent exclusivement que de la partie professionnelle de l'art. — Chacun de ces **LIVRES** est une *Encyclopédie complète* de toutes les connaissances nécessaires à l'ouvrier comme à celui qui l'occupe.

Les **MANUELS** manquent généralement de précision, de clarté, de méthode : ce ne sont, pour la plupart, que des assemblages de matériaux accumulés sans discernement, ou bien des compilations indigestes où la partie scientifique est souvent arriérée d'un quart de siècle. — Le concours des spécialités les plus compétentes et les plus distinguées, travaillant sur un plan discuté à l'avance, garantit à nos **LIVRES** une rédaction en rapport avec les progrès de la science, et parfaitement appropriée à chaque sujet.

Les **MANUELS** se vendent 2 fr. 50, 3 fr. et 3 fr. 50 le volume. — Nos **LIVRES**, imprimés avec plus de soin, sur plus beau papier et dans un format plus convenable, ne se vendent que : 1 fr. 50, 2 fr. et 2 fr. 50, c'est-à-dire un tiers meilleur marché.

NOTA. Pour recevoir *franco* par la poste, il faut ajouter 50 cent. au prix de chaque volume.

Les Editeurs de la Bibliothèque des Arts et Métiers voulant tenir le Livre de chaque profession au courant de la science et des progrès de l'industrie, invitent les personnes qui auraient des erreurs à signaler ou des faits utiles à faire connaître à en donner communication à M. PAGNERRE, *Directeur de la Bibliothèque des Arts et Métiers.*

DROIT ADMINISTRATIF,

Par M. CORMENIN,

5e ÉDITION.

Revue, corrigée et augmentée.

2 FORTS VOLUMES IN-8°,

Imprimés en caractères neufs sur papier grand raisin publiés en

6 Livraisons à 2 fr. 75 cent.

Il paraît une livraison tous les quinze jours, à partir du 15 décembre. L'ouvrage sera terminé le 15 mars 1840.

Les personnes qui n'auront pas souscrit avant l'apparition de la première livraison du deuxième volume paieront l'ouvrage complet 18 fr.

DIALOGUE SUR LES CAISSES D'ÉPARGNE, par M. CORMENIN, député. 8 pages in-8. 1 sou.

LES CAISSES D'ÉPARGNE, par M. de LAMARTINE, député. 8 pages in-8. 1 sou.

Plusieurs caisses d'épargne des départements, qui ont fait distribuer à grand nombre ces deux écrits populaires, en ont obtenu d'excellents résultats.

Prix pour les caisses d'épargne : **1,000 exemplaires des deux écrits, 500 de chaque, 25 fr. — 2,000, 48 fr. — 3,000, 70 fr. — 5,000, 110 fr. — Et 10,000, 200 fr. — On peut demander indistinctement l'un ou l'autre écrit.**

Almanachs.

LE TRIPLE LIÉGEOIS,

ou le Nouveau Mathieu Laensberg

Pour 1840.

QUATRIÈME ANNÉE.

LE TRIPLE LIÉGEOIS contient 100,000 *lettres de plus* que les plus gros almanachs, il compte déjà quatre ans d'existence et jouit d'une grande popularité. Il paraît chaque année au commencement de septembre. Imprimé sur du papier très-fort, quoique blanc, **LE TRIPLE LIEGEOIS** est orné d'un grand nombre de jolies vignettes.

Prix : 6 **SOUS**; 100 exemplaires, 20 fr. ; 250, 48 fr. ; 500, 95 fr. ; 1,000, 185 fr. ; 2,000, 360 fr. ou 18 centimes l'exemplaire.

Ceux qui prennent 500 ont droit de faire mettre leur nom et leur adresse sur la couverture.

LE NOUVEAU DOUBLE LIÉGEOIS, 180 pages. Prix : 5 sous; 15 fr. le cent.

LE DOUBLE FRANÇAIS, ou le Nouveau Nostradamus, 130 pages. Prix : 4 sous; 12 fr. le cent.

LE VILLAGEOIS, almanach de l'agriculture et des campagnes, 110 pages. Prix : 3 sous ; 10 f. le cent.

PETIT LIEGEOIS. 80 pag. Prix : 2 sous; 7 fr. le cent.

LE VERITABLE ALMANACH UNIVERSEL, contenant 300 pages. Prix : 8 sous; 25 fr. le cent.

Tous ces Almanachs sont étrangers à la politique.

DEUXIÈME TIRAGE.

DICTIONNAIRE POLITIQUE,

ENCYCLOPÉDIE ABRÉGÉE

DU LANGAGE ET DE LA SCIENCE POLITIQUES,

par MM.

ALTAROCHE; AUGUIS, député; BASTIDE, réd. du *National*; BILLIARD, ancien préfet; Louis BLANC, de la *Revue du Progrès*; CABET; CHAPUYS-MONTLAVILLE, député; CORMENIN, député; DAVID, de l'Institut; F. DEGEORGE; Ch. DIDIER; E. DUCLERC; DUPOTY, réd. du *Journal du Peuple*; GARNIER-PAGÈS, député JOLY, député; F. LAMENNAIS; LARABIT, député; MAILLEFER; MICHEL (de Bourges); MARTIN (de Strasbourg), député; PELLION; ELIAS REGNAULT; RITTIEZ; THOMAS, directeur du *National*; etc.

AVEC UNE INTRODUCTION,

Par M. GARNIER-PAGÈS,
Député.

Conditions de la souscription.

LE DICTIONNAIRE POLITIQUE, imprimé avec luxe, en caractères entièrement neufs, sur très-beau papier vélin, formera *un seul volume* format grand in-8° jésus à deux colonnes de 1000 pages.

Il est publié par livraison de 24 pages, 48 colonnes, renfermée dans une couverture imprimée. — Il paraît deux livraisons par mois.

Il aura quarante livraisons qui contiendront la matière de quinze volumes in-8° ordinaire.

La première livraison a paru le 5 septembre 1839.

PRIX : chaque livraison :	50 cent.
PAR LA POSTE,	65 cent.

Les 10 premières livraisons, brochées en un beau volume in-8°, se vendent 5 fr.

M. Cormenin.

LETTRES SUR LA LISTE CIVILE ET SUR L'APANAGE, suivies d'*Un Mot* sur le pamphlet de police intitulé la *Liste civile dévoilée*, et du *Conclusum* (3e pamphlet sur l'apanage). 24e édition; augmentée des *Lettres à Casimir-Périer et à M. de Schonen*. 1 joli vol. in-32, sur grand papier jésus orné du portrait de M. CORMENIN. 1 fr. 25

ÉTAT DE LA QUESTION. In-32. 50 c.

LE MAITRE D'ÉCOLE. 16 pages in-32 vélin, avec deux jolies vignettes. 3 fr. le cent. L'ex. : 5 c.

PORTRAIT DE M. CORMENIN, lithographié par JULIEN. In-4, papier de Chine. 75 c.
Papier ord. 25 c.

Timon.

TRÈS-HUMBLES REMONTRANCES *de Timon* au sujet de la compensation des quatre millions, avec cette épigraphe. *Rendez-moi mes lapins, rendez-moi mes lapins !* In-32. 5e édition. 50 c.

DEFENSE DE L'EVÊQUE DE CLERMONT, in-32, 80 pages. 50 c.

QUESTIONS SCANDALEUSES D'UN JACOBIN au sujet d'une Dotation. In-32. 50 c.

ÉTUDES SUR LES ORATEURS PARLEMENTAIRES, par TIMON; 10e édit.

Cette édition est *épuisée*.

Le tome 1er, qui renferme tous les portraits inédits, se vend séparément pour compléter les éditions antérieures à la 7e. 1 fr. 25

Sous presse :

NOUVELLE EDITION ILLUSTRÉE,

Imprimée avec luxe en un seul vol. in-8 sur pap. jésus vélin,

ILLUSTRÉ PAR

24 PORTRAITS GRAVÉS SUR ACIER,

Dessinés et gravés par les plus habiles artistes.

L'ouvrage paraîtra en 24 livraisons. Chaque livraison se composera de 16 pag. de texte et d'un portrait. 50 c. la livrais.

M. Lamennais.

LIVRE DU PEUPLE. 1 joli vol. in-32, sur jésus vélin, 6e édition augmentée, 200 pages. 1 fr. 25

Le même, nouvelle édit. de luxe. 1 vol. in-8. 2 f. 50

PAROLES D'UN CROYANT; nouvelle et très-jolie édition, 1 vol. in-32. 75 c.

AFFAIRES DE ROME, troisième édition; 2 volumes in-32, jésus vélin. 2 fr. 50

POLITIQUE A L'USAGE DU PEUPLE, 4e édit. 1 vol. in-32, jésus vélin. 2 fr. 50

DE LA LUTTE entre la Cour et le Pouvoir parlementaire, in-32 (avril 1839). 50 c.

PAROLES D'UN CROYANT, belle édit. in-8. 2 fr. 50

DE LA SERVITUDE VOLONTAIRE. In-8. 1 fr. 50

DE L'ESCLAVAGE MODERNE (décembre 1839); 1 vol. in-32, 3e édit. 75 c.

M. Chapuys-Montlaville.

ETUDE SUR TIMON. In-32. 3e édit. 25 c.

Sieyes.

QU'EST-CE QUE LE TIERS-ÉTAT. Brochure publiée en 1789, par Sieyes, précédée d'une introduction par M. Chapuys-Montlaville, député; 1 vol. in-32, jésus. 1 fr. 25

P.-L. Courier.

PAMPHLETS politiques et littéraires, avec la Notice de A. Carrel. 2 vol. in-32, jésus vélin. 2 f. 50

J.-B. SAY.

PETIT VOLUME contenant quelques aperçus des Hommes de la société, 3e édit. 1 vol. 2 fr.

Général Pépé.

L'ITALIE POLITIQUE, avec une introduction, par M. Ch. Didier; 1 vol. in-32. 2 f.

J. Bentham.

CATECHISME DE LA REFORME ÉLECTOFALE, précédé d'une lettre à TIMON sur l'état actuel de la démocratie en Angleterre, par M. ELIAS REGNAULT; 1 vol. in-32, orné du portrait de Bentham. 1 fr. 25

M. Altaroche.

CONTES, DIALOGUES ET MÉLANGES DÉMOCRATIQUES. 1 joli vol. in-32, sur jésus-vélin. 2e édition in-32. 1 fr. 25

CHANSONS POLITIQUES (nouvelles; 1838), 1 joli vol. in-32, 2e édit. sur jésus-vélin. 1 fr. 25

V. Schœlcher.

ABOLITION DE L'ESCLAVAGE, examen critique du préjugé contre la couleur des Africains et des sang-mêlés; 1 vol. 1 fr. 25

M. Cabet.

RÉVOLUTION DE 1830 ET SITUATION PRÉSENTE, expliquées et éclairées par les révolutions de 1789, 1792, 1799 et 1804, et par la restauration. 2 vol. in-12, avec couvertures imprimées. — Les 2 volumes : 1 fr. 20

Même édition, 1 beau vol. in-8, papier fin. 5 fr.

PROCÈS DE M. CABET devant la Cour d'assises, 6 brochures in-8. 1 fr. 50

PROCÈS DE M. CABET, DIRECTEUR DU POPULAIRE;—discours à la Chambre des députés, débats et condamnation à la Cour d'assises, 2 br. in-8. 50 c.

PROCÈS DU PATRIOTE DE LA COTE-D'OR. 25 c.

Paris révolutionnaire,

Par MM. Altaroche, Arago, Cavaignac, Cormenin, F. Degéorge, Fontan, Hauréau, Laponneraye, A. Luchet, A. Marrast, F. Pyat, Raspail, Trélat, etc., etc., *nouvelle publication*. 4 beaux et forts vol. in-8. — L'ouvrage complet. 9 fr.

Tout le monde connaît le succès qu'obtint cet important ouvrage lors de sa première publication, malgré le prix élevé auquel l'éditeur avait été obligé de le porter.

Général Soltyk.

LA POLOGNE; Précis historique, politique et militaire de sa révolution, précédé d'une esquisse de l'histoire de Pologne, depuis sa fondation jusqu'en 1830, par ROMAN SOLTYK, membre de la diète, général de brigade d'artillerie. 2 vol. in-8, accompagnés de 4 cartes et de 4 portraits. 16 fr.

Cet ouvrage est, jusqu'à ce jour, le plus exact et le plus complet qui ait été publié en France sur la révolution de Pologne.

Société Aide-toi, le Ciel t'aidera.

COMPTES RENDUS DES SESSIONS LÉGISLATIVES, publiés par la Société *Aide-toi, le Ciel t'aidera*. — Sessions de 1832, 1833 et 1834. — 3 vol. in-8. 7 fr. 50

Chaque volume se vend séparément. 2 fr. 50

VINGT JOURS DE SECRET ou le Complot d'avril, par ARMAND MARRAST. 1 vol. 75 c.

NÉMÉSIS; par BARTHELEMY. 2 beaux et forts volumes in-32. 3 fr.

BIOGRAPHIE DES DÉPUTÉS, session de 1831. 1 vol. in 8. 2 fr. 50

COLLECTION
DE PROCÈS POLITIQUES,

DEPUIS LA RÉVOLUTION DE 1830.

13 vol. in-8. . . . . 27 fr. 50

Les procès suivants se vendent séparément :

PROCÈS DES ACCUSÉS D'AVRIL devant la Cour des Pairs. — **PROCÈS DU RÉFORMATEUR** devant la Chambre des Députés. — **PROCÈS DES DÉFENSEURS DES ACCUSÉS D'AVRIL** devant la Chambre des Pairs. 10 fr.

Cette publication, entièrement terminée, est la seule qui présente la réunion complète de tous les actes, documents et faits relatifs au procès d'avril. Elle forme 5 beaux volumes in-8, papier fin satiné.

PROCÈS FIESCHI devant la Cour des Pairs. 3 beaux volumes in - 8, avec un plan de la Chambre des Pairs. 6 fr.

PROCÈS DES ACCUSÉS DU COMPLOT DE NEUILLY devant la Cour d'assises. 1 vol. in-8. 1 fr. 50

PROCÈS DES 19 PATRIOTES (ou des Artilleurs). In-8. 2 fr. 50

PROCES DES QUINZE, (1832), 1 vol. in-0. 2 fr.

PROCÈS ET PRISON. — Impression de Sainte-Pélagie, par H. DAVID DE THIAIS. In-8. 1 fr.

PROCÈS DU COUP DE PISTOLET. In-8. 75 c.

PROCÈS DU DROIT D'ASSOCIATION (ou de la *Société des Amis du Peuple*). In-8. 75 c.

POURSUITES contre M. Cabet. 50 c.

PROCÈS DU NATIONAL devant la Chambre des Pairs. 40 c.

C'est le procès dans lequel Carrel a si énergiquement qualifié le jugement du Maréchal Ney.

PROCÈS DU PROPAGATEUR DU PAS-DE-CALAIS. 25 c.

2e, 3e **PROCÈS** du *Prop. du Pas-de-Calais.* 25 c.

PROCÈS DU PATRIOTE DE LA COTE-D'OR. 25 c.

81e, 82e **PROCÈS** de la *Tribune*, condamnation à 22,000 fr. d'amende, 5 ans de prison. In-8. 10 c.

86e **PROCÈS** de la *Tribune*, condamnation à 24,000 fr. d'amende. In-8. 10 c.

LETTRE D'UN DÉFENSEUR aux accusés d'avril, par M. SAINT-ROMME. 25 c.

PROCÈS DE M. DUPOTY, rédacteur du *Réformateur.* In-8. 20 c.

PROGÈS DE VIGNERTE, 20 pages in-8. 15 c.

RÉSUMÉ DU PROCÈS DES 27. In-8. 15 c.

PROCÈS DU PATRIOTE DE L'ALLIER; discours d'Achille Roche et Trélat. In-12. 10 c.

PROCÈS DE DELENTE (ou des Crieurs publics). In-8. 10 c.

PROCÈS DE LA GLANEUSE; In-8. 5 c.

PROCÈS DE PROSPER. 50 c.

PROCES ET ACQUITTEMENT DU NATIONAL (affaire de l'ordonnance sur l'avancement), plaidoirie de Me *Michel* (*de Bourges*). In-8. 50 cent.

PROCÈS DE HUBER et de ses **COACCUSÉS.** 1 vol. in-8. 1 fr.

PROCÈS DE LAITY devant la Cour des pairs; plaidoirie de Me *Michel.* 1 vol. in-8. 1 fr.

PROCÈS DE M. GISQUET contre le *Messager*, 1 vol. in-8. 1 f. 25

PROCÈS DES ACCUSÉS DES 12 ET 13 MAI. 1 vol. in 8o. 2 fr. 75

Idem, Deuxième Catégorie, 50 c.

ALMANACH POPULAIRE DE LA FRANCE, 1 vol. in-12 carré, de 144 pages, orné d'un grand nombre de jolies vignettes. 8e éd. 10 sous.

HISTOIRE POPULAIRE
DE LA
RÉVOLUTION FRANÇAISE.
de 1789 à 1830,

Précédée d'une Introduction, contenant le PRÉCIS DE L'HISTOIRE DES FRANÇAIS, depuis leur origine jusqu'aux États-Généraux,

PAR M. CABET,
Ex-procureur-général et député.

L'ouvrage formera 4 beaux volumes in-8 de plus de 500 p. imprimés avec soin sur très-beau papier.
Il est publié en 64 livraisons. — Une livraison par semaine. Chaque livraison se compose de deux feuilles ou 32 pages.

Prix : 25 cent. la livraison.
L'ouvrage entier, 16 fr.
35 livraisons sont en vente.

VOYAGE AUX ETATS UNIS, ou *Tableau de la Societé Américaine*, comprenant : institutions politiques, gouvernement, administration, budget douanes, propriété, esclavage, commerce, industrie manufacture, salaire, voies de communications mœurs, habitudes, religion, etc., etc.; par miss Martineau ; traduit de l'anglais, par M. *Benjamin-Laroche*. 2 forts volumes in-8. 5 fr

Cet ouvrage, qui a obtenu en Angleterre un succès immense, méritait d'être popularisé en France par une nouvelle publication à bon marché. C'est le tableau le plus complet qui ait encore été publié sur l'état politique, industriel agricole, commercial, manufacturier, social et religieux, de l'Amérique du nord.

L'ouvrage anglais coûte près de 40 francs, et la première publication, en France, se vendait 15 francs.

BIOGRAPHIE DES DÉPUTÉS.
SESSION DE 1339. — NOUVELLE LÉGISLATURE.
1 gros vol. in-32. . . 2 fr.

Imprimerie Porthmann, 8, rue du Hasard-Richelieu

www.ingramcontent.com/pod-product-compliance
Ingram Content Group UK Ltd.
Pitfield, Milton Keynes, MK11 3LW, UK
UKHW020206200726
13856UKWH00003B/1232

9 782013 071918